AF500813

OPINION

SUR

L'ACTE CONSTITUTIONNEL,

PAR A. REBOUL.

ANCIEN NÉGOCIANT ET ARMATEUR.

Régner sur les cœurs est l'empire le plus doux, le plus sûr et le plus durable : c'est cet empire qui constitue l'union et la force : il vaut la plus belle et la plus éclatante des victoires.

A PARIS,

CHARLES, Imprimeur, rue Thionville, n° 36.
CHEZ LES MARCHANDS DE NOUVAUTÉS.

15 MAI 1815.

AVERTISSEMENT.

J'AI écrit un mémoire que je livrerai un jour à l'impression relatif aux moyens que je crois propres à donner la plus grande activité à l'agriculture, à l'industrie, aux arts, aux manufactures, au commerce, et à servir de base à un système d'impôts et de finances extrêmement simple et avantageux.

C'est un tribut que je promets à ma patrie : je lui en dois un second, c'est celui de mes réflexions relatives à la constitution de l'Empire français, qui nous intéresse si justement et si vivement dans cette circonstance ; je me hâte d'acquitter cette dette.

La constitution d'un État est l'acte le plus solennel et le plus important.

Il influe puissamment sur le bonheur, ou sur le malheur d'un peuple.

Pour atteindre le but que l'on s'y propose, il doit être essentiellement basé : 1° Sur l'esprit public, les inclinations, les mœurs, les opinions et les usages d'une nation ; 2° sur la nature et les produits de son territoire ; 3° enfin, sur ses relations avec les autres puissances.

Cet acte doit offrir des lois fondamentales sages et immuables : il doit contenir la mesure des droits et des devoirs des citoyens envers l'État, et de l'État envers les citoyens.

Il doit présenter aux diverses nations, des garanties suffisantes, relativement aux rapports que l'Etat peut avoir avec elles.

La constitution de l'Empire français, considéré dans sa position actuelle, a surtout besoin d'être tout à la fois, l'arme la plus imposante contre tous ses ennemis, le centre unique où doivent se réunir et se confondre toutes les affections, toutes les opinions, tous les intérêts; et l'attrait le plus puissant pour ramener aux sentimens de justice et d'équité les puissances étrangères, qui pourraient se trouver en opposition avec notre système social.

Régner sur les cœurs est l'empire le plus doux, le plus sûr et le plus durable : c'est cet empire qui constitue l'union et la force : il vaut la plus belle et la plus éclatante des victoires.

Puissent les idées que je vais émettre sur le pacte de famille, devenir utiles à ma patrie, être un hommage agréable à mes concitoyens et au souverain.

A. R.

OPINION

SUR

L'ACTE CONSTITUTIONNEL.

CHAPITRE PREMIER.

Des Droits des Citoyens.

Tous les membres d'un État, quels que soient leurs titres, leurs rangs et leurs fortunes, doivent être égaux devant la loi, et admissibles à tous les grades et emplois, tant civils que militaires, sans autre distinction que la distinction à leurs talens et à leurs vertus. (1)

Leur liberté individuelle, celle de leurs cultes, le domaine de leurs pensées, sauf à répondre des abus de leur publication, l'inviolabilité et la protection de leurs propriétés, doivent leur être solennellement garanties.

Nul ne doit pouvoir occuper deux emplois à la fois, au-dessus de 3,000 francs, ni recevoir deux traitemens. (2)

Aucun emploi, rang, titre, charge et honneur ne doivent être héréditaires. (3)

CHAPITRE II.

Des Devoirs des Citoyens.

Chaque membre de l'Etat doit obéissance entière aux lois.

Il doit, en outre, dans la proportion exacte de ses facultés réelles, soit foncières, soit pécuniaires, soit industrielles, contribuer aux charges publiques, quelles qu'elles soient, et à quelle somme qu'elles puissent s'élever.

CHAPITRE III.

Du Chef et de la forme du Gouvernement.

L'expérience a démontré que le gouvernement monarchique tempéré, aussi libéral qu'il soit possible de l'admettre, est celui qui convient le mieux au peuple français.

La France en a déjà reconnu le chef : elle doit confirmer sa nomination librement et individuellement par son acte constitutionnel.

La couronne seule doit être héréditaire dans la famille du chef. (4)

La puissance exécutrice doit lui appartenir exclusivement.

Il doit avoir le droit de proposer des lois au corps législatif. Il ne doit avoir le droit d'en faire, ni seul, ni conjointement avec les députés de la nation.

C'est lui-même qui doit nommer ses ministres et son conseil, duquel les princes du sang doivent faire partie.

A lui seul doit appartenir le droit de faire grâce, et celui de commuer les peines. (5)

A lui seul doit appartenir aussi la promulgation des lois, qu'il doit faire en ces termes :

N. . . empereur des Français, et au nom de la nation, promulgue la loi suivante, ect.

L'empereur doit encore avoir, conjointement avec le sénat, les autres prérogatives contenues dans le chapitre V.

CHAPITRE IV.

Du Corps législatif.

Le corps législatif doit se composer de représentans, librement nommés par les électeurs, choisis eux-mêmes dans les assemblées primaires. (6) (*a*) (*b*)

Ils doivent être âgés, au moins, de vingt-cinq années révolues. (7)

Leur nombre doit être porté à cinq cents, y compris les suppléans, à raison de cinquante mille âmes de la population pour chaque membre. (8)

Ce corps doit être divisé en deux chambres, savoir : la chambre des communes et la chambre des pairs.

La chambre des communes doit être composée de cent membres, et d'autant de suppléans.

La chambre des pairs doit être composée de cent cinquante membres et d'autant de suppléans.

La formation des chambres, la vérification de leurs pouvoirs respectifs, leur police intérieure, la nomination de leurs présidens, secrétaires, etc., la fixation de la durée des fonctions de ceux-ci, leur appartiennent.

Tous les membres des deux chambres doivent être renouvellés dans le courant de cinq années, à raison d'un cinquième chaque année.

Le salaire des membres de la chambre des communes doit être fixé à vingt francs, et celui de la chambre des pairs à trente francs par jour.

Le corps législatif, ainsi constitué, doit avoir seul le droit de faire les lois.

Il a par conséquent le droit de faire les lois relatives aux impôts, aux emprunts, aux levées d'hommes, et toutes autres lois. (c)

Chaque loi est d'abord produite, discutée et adoptée dans la chambre des communes.

De-là elle passe à la chambre des pairs, où elle est de nouveau discutée et adoptée.

Si les deux chambres ne sont pas d'accord, la loi est renvoyée au sénat, qui doit décider souverainement sur son rejet ou sur son adoption.

Si le sénat ordonne le rejet, il motive son refus et renvoie aux deux chambres.

Si, au contraire, il ordonne l'adoption, la loi est alors, par lui, envoyée à l'empereur, qui la fait promulguer et exécuter.

Lorsque les deux chambres sont d'accord sur les lois, la chambre des pairs les fait passer directement à l'empereur.

Les lois sont toujours exécutées provisoirement pendant une année, au bout duquel temps, s'il n'y a aucune réclamation du peuple français, elles sont définitivement adoptées. (9)

Les séances du corps législatif doivent être publiques, hors des cas où la sûreté de l'Etat, ou d'autres motifs importans, exigent qu'elles soient secrètes.

Toutes les pétitions doivent lui être adressées écrites et signées individuellement par les pétitionnaires.

Le corps législatif doit être permanent, comme faisant partie intégrale de l'unité du gouvernement ; en conséquence, il ne doit jamais être suspendu ni dissout.

Les personnes seulement, et non les biens des membres du corps législatif, doivent être inviolables pendant la durée de leurs fonctions, excepté néanmoins en matière criminelle.

Le corps législatif doit avoir le droit de demander compte aux ministres, de les accuser, et de les traduire devant le sénat, qui doit être chargé de les juger.

CHAPITRE V.

Du Sénat et de ses attributions.

Le Sénat doit être composé de cent vingt-cinq membres, à raison de deux cent mille âmes de la population, par chaque membre.

Chaque membre doit être âgé de trente années revolues, au moins.

Il doit être nommé et renouvellé de la même manière que les membres du corps législatif.

La formation du sénat, la vérification des pouvoirs de ses membres, sa police intérieure, la nomination de ses présidens et secrétaires, la durée des fonctions de ceux-ci, lui appartiennent.

Le salaire de chaque membre doit être de quarante francs par jour.

Il doit décider le rejet ou l'adoption des lois qui lui sont renvoyées par le corps législatif.

Il doit connaître des crimes de haute trahison, et des attentats à la sûreté de l'Etat.

Il juge les ministres qui sont traduits devant lui par le corps législatif. (10)

Le sénat et l'empereur conjointement commandent les forces de terre et de mer.

Ils déclarent la guerre, font les traités de paix, d'alliance et autres.

Ils sont chargés de la sûreté de l'Etat, ils nomment les agens diplomatiques, les préfets, sous-préfets, les secrétaires-généraux, et les autres fonctionnaires publics, non compris dans le présent acte.

Ils nomment les juges, qui doivent tous être inamovibles et à vie, excepté les juges de paix et de commerce, qui sont nommés par le peuple dans les assemblées primaires.

CHAPITRE VI.

Des Ministres.

Les ministres sont responsables de leurs actions.

Le corps législatif a le droit de leur demander compte, de les accuser, et de les traduire devant le sénat.

CHAPITRE VII.

De l'Ordre judiciaire.

La justice doit être administrée par l'empereur, en vertu des lois et au nom du peuple français.

Les cours et tribunaux ordinaires doivent être conservés.

Les juges doivent être inamovibles et à vie, excepté les juges de paix, ceux de commerce et les officiers municipaux, qui doivent être nommés par les assemblées primaires, et renouvelés chaque cinq années. (11)

Nul ne doit être distrait de ses juges naturels.

Les débats doivent être publics en matière criminelle.

L'institution des jurés doit être conservée.

La peine de la confiscation des biens doit être abolie, et ne doit plus être rétablie.

Le code civil, et les lois actuellement existantes, qui ne sont point contraires à la présente constitution, doivent être maintenus.

CHAPITRE VIII.

Droits particuliers garantis par l'État.

Les militaires en activité de service, les officiers et soldats en retraite, les veuves des officiers pensionnés, doivent conserver leurs grades et pensions.

Les militaires, et tous les autres citoyens, qui se distinguèront par des actions d'éclat, ou par des services signalés, auront droit à des récompenses et à des honneurs personnels, proportionnés à l'importance de leurs actions et de leurs services.

La dette publique est sacrée : elle doit être garantie, et toute espèce d'engagement pris par l'Etat avec ses créanciers doit être inviolable.

Les colonies doivent être régies par des lois particulières.

CHAPITRE IX.

Du Territoire.

Il ne doit rien être changé à la division du territoire de l'Empire français.

CHAPITRE X.

Institutions particulières.

Il doit y avoir une députation *ad hoc*, auprès des ministères du gouvernement, chargée spécialement de représenter l'agriculture, l'industrie, les arts, les manufactures et le commerce.

Le centre de cette députation doit être à Paris, et correspondre avec les préfets, sous-préfets, maires et autres, pour recueillir tous les renseignemens, notes et instructions, relatifs aux moyens de faire prospérer toutes ces branches, et d'obtenir, à cet effet, du gouvernement, tous les secours et encouragemens nécessaires.

Il doit y avoir aussi des chambres d'assurances, protectrices des propriétés, dont le centre serait également à Paris, et qui auraient des délégués dans tous les départemens.

Ces chambres se chargeraient de couvrir, moyennant une prime, tous les risques de terre et de mer, que les commerçans, les propriétaires et autres, pourraient avoir à redouter.

D'autres institutions utiles, et en même temps productives, pourraient encore grossir le nombre de celles-ci, devenir toutes un attrait puissant pour attirer les étrangers en France, et y augmenter les ressources particulières et celles de l'Etat.

Ces institutions ne coûteraient rien au gouvernement et lui rapporteraient considérablement.

NOTES.

(1) Donner exclusivement les fonctions à ceux qui jouissent d'une certaine aisance, serait déjà établir une distinction choquante entre les membres de l'Etat : détruire l'égalité promise et consacrée ; rendre nulle la loi fondamentale qui les admet indistinctement à tous les emplois ; se priver des avantages précieux que donnent les talens et les vertus, qu'il faut au contraire encourager, faire germer et fleurir ; ce serait inspirer un amour effréné pour les richesses, puiqu'on établirait qu'elles seules peuvent procurer les moyens d'acquérir les places, les faveurs, les préférences ; alors chaque citoyen tenterait d'acquérir ces richesses, n'importe par quelle voie.

(2) Donner tout aux uns et rien aux autres, serait une injustice révoltante ; laissons à l'homme de bien la perspective d'occuper des emplois suffisans pour vivre avec sa famille, dans une honnête médiocrité ; cet espoir flatteur, cette certitude, le consoleront dans l'âge de la vigueur, et seront une retraite honorable dans sa vieillesse : sa famille bénira le législateur pour lui avoir assuré un sort par une loi fondamentale.

(3) L'hérédité des emplois, rangs, titres, charges, honneurs, dégénère toujours en despotisme : elle répugne au bon sens, à la raison, à la justice, à l'équité, aux mœurs, et ferait revivre des priviléges ridicules et dangereux proscrits depuis long-temps !

Il est sans doute raisonnable et juste, qu'un citoyen, qui a de la capacité, qui a rendu des services à l'Etat, soit personnellement récompensé; mais il ne serait ni raisonnable ni juste que cette récompense se perpétuât dans sa famille : qui nous garantit que les descendans d'un tel citoyen marcheront sur les mêmes traces ? s'il n'y marchent pas, l'état ne leur doit rien. D'ailleurs, trouvant des honneurs et des richesses acquis par leurs ancêtres, n'est-il pas à craindre qu'ils en jouissent paisiblement sans rien faire pour l'Etat, alors même qu'ils lui devront tout?

L'égoïsme est un des défauts le plus commun à tous les hommes; loin de le favoriser, il convient au contraire de le corriger. L'on n'y parviendra qu'en ne récompensant *personnellement* que ceux qui le mériteront; sans cela, les honneurs seraient distribués, au détriment d'une foule de militaires et de citoyens qui se seraient signalés. Le gouvernement, contraint de multiplier les récompenses pour satisfaire les nombreux descendans qu'il y aurait à entretenir, serait forcé d'en diminuer le prix commun pour ne pas trop grever le trésor public qui, malgré cela, se trouvera toujours furieusement chargé; de-là des mécontentemens fondés, et de la part de tous les contribuables qui seraient accablés, et de celle des hommes qui ne verraient dans leur trop légère récompense, qu'un trop faible prix de leur glorieux travaux et de leurs services signalés, et s'étonneraient d'être confondus et mis de niveau avec des gens dont tout le mérite consisterait dans le hasard de leur naissance et avec lesquels ils seraient obligés, par l'effet de la loi la plus impolitique, de partager le fruit de leurs lauriers.

Dès-lors plus d'émulation, plus d'amour pour la gloire et pour la patrie.

En consacrant le principe de l'hérédité, il en naîtrait un autre non moins pernicieux, auquel il serait impossible de résister, qui ferait revivre des préjugés antiques que la nation française avait justement proscrits depuis sa régénération ; je veux parler de celui qui faisait rejaillir sur une famille entière la honte et le déshonneur d'un crime commis par l'un de ses membres.

S'il y avait hérédité de récompenses, de profits et d'honneurs, craignons qu'il ne s'en suivît hérédité de honte et de déshonneurs. Ces deux principes sont également injustes, condamnables et vicieux : bannissons-les sans retour.

On veut nous persuader que l'hérédité des emplois des pairs, est fondé sur le principe de la liberté et de l'independance.

Pour nous en convaincre, on s'appuie de l'autorité de Montesquieu, qui, quoique très-respectable, ne peut pas toujours s'adapter à l'esprit public des peuples actuels, surtout à celui qui anime les Français.

Sans doute cette hérédité peut devenir, comme on le prétend, un corps libre et indépendant; mais en ce sens seulement que ni la puissance de la nation, qu'il pourrait opprimer, ni celle du chef qu'il pourrait contrarier en empiétant sur ses droits, n'auraient peut-être plus la force, ni les moyens suffisans pour le réduire.

Nous ne voulons pas de cette liberté, ni de cette indépendance.

Voyons cependant ce que dit l'auteur cité dans l'esprit de quelques-unes des lois que l'on invoque.

Tome II, page 72, il dit :

« La démocratie et l'aristocratie ne sont point des Etats

» libres par leur nature. La liberté politique ne se » trouve que dans les gouvernemens modérés; mais elle » n'est pas toujours dans les Etats modérés. *Elle n'y est » que lorsqu'on n'abuse pas du pouvoir : mais c'est une » expérience éternelle, que tout homme qui a du pou- » voir est porté à en abuser : il va jusqu'à ce qu'il trouve » des limites. Qui le dirait ! la vertu même a besoin de » limites.* »

Page 75 : « La liberté politique dans un citoyen est » cette tranquillité d'esprit qui provient de l'opinion que » chacun a de sa sûreté, et pour qu'on ait cette liberté, » il faut que le gouvernement soit tel, *qu'un citoyen ne » puisse pas craindre un autre citoyen.*

» Lorsque dans la même personne, ou dans le même » corps de magistrature, la puissance législative est réu- » nie à la puissance exécutrice, *il n'y a point de liberté;* » parce qu'on peut craindre que le même monarque ou » le même sénat, ne fasse des lois tyranniques, pour les » exécuter tyranniquement.

» Tout serait perdu, si le même homme, ou le même » corps de principaux, ou des nobles, ou du peuple, » exerçait les trois pouvoirs : celui de faire des lois, » celui de les exécuter, et celui de juger les citoyens. »

Page 80 : « Comme dans un état libre tout homme, » qui est censé avoir une âme libre, doit être gouverné » par lui-même, il faudrait que le peuple en corps eût » la puissance législative; mais comme cela est impossible » dans les grands Etats, et est sujet à beaucoup d'incon- » véniens dans des petits, il faut que le peuple fasse, par » ses représentans, ce qu'il ne peut faire par lui-même.

» L'on connaît beaucoup mieux les besoins de sa ville, » que ceux des autres villes; et on juge mieux de la ca-

» pacité de ses voisins, que de celle de ses autres com- » patriotes. *Il ne faut donc pas que les membres du » corps législatif soient tirés en général du corps de la » nation; mais il convient que dans chaque lieu princi- » pal, les habitans se choisissent un représentant.* »

Voici sans doute ce qui a servi d'autorité à ceux qui parlent en faveur de l'hérédité des pairs.

Page 83 : « Le corps des nobles doit être héréditaire : » il l'est premièrement par sa natnre (ce corps de nobles » n'existe aujourd'hui que pour les récompenses person- » nelles, et cela est juste; il ne doit pas exister autre- » ment, ni devenir héréditaire, parce qu'à coup sûr » il abuserait de son pouvoir), et d'ailleurs il faut qu'il » ait un grand intérêt à conserver ses prérogatives, » *odieuses par elles-mêmes, et qui dans un Etat libre* » *doivent toujours être en danger.*

» Mais comme une puissance héréditaire pourrait être » induite à suivre ses intérêts particuliers, et à oublier » ceux du peuple (cela serait ainsi aujourd'hui plus que » jamais par l'égoïsme et l'ambition des hommes,) il faut » que dans les choses où l'on a un souverain intérêt à la » corrompre, comme dans les lois qui concernent la » levée de l'argent, elle n'ait de part à la législation que » par sa faculté d'empêcher, et non par sa faculté de sta- tuer. » (Le sénat suffit pour cela.)

Mieux vaut ne pas établir un tel corps, dont *les préro- gatives sont odieuses*, ainsi que l'auteur en convient : mieux vaut se passer de lui, parce qu'il serait possible que dans l'avenir, qu'il faut prévoir pour la sûreté et le bonheur de la postérité, ce corps n'étendît trop loin ses bornes et n'envahît les droits du peuple et ceux du sou- verain.

La faculté de faire et d'empêcher doivent appartenir au peuple, soit au corps législatif et au sénat, qui le représentent, comme la faculté d'exécuter ne doit appartenir qu'au chef de la nation : tout intermédiaire entre ces deux pouvoirs est inutile et dangereux.

« La puissance exécutrice, (ajoute avec raison l'auteur » de l'Esprit des lois) doit être entre les mains d'un mo» narque, (il en donne les motif), la puissance législa» tive est mieux ordonnée par plusieurs que par un seul. »

Il serait trop long de rapporter tout ce que dit cet auteur pour prouver que le corps législatif et le corps exécutif ne doivent pas empiéter l'un sur l'autre, qu'ils doivent toujours être distincts et séparés dans l'exercice de leurs fonctions respectives.

Il suffit d'avoir prouvé que toute hérédité, excepté celle de la couronne, ne peut exister sans danger, dans un gouvernement libre et modéré, tenant le milieu entre la monarchie et la démocratie, qui est celui que je propose, comme le plus conforme à l'intérêt, à l'esprit public, aux mœurs, aux opinions, aux usages et aux inclinations du peuple français, et même à l'intérêt bien entendu de son auguste chef.

Tom. 1, p. 32, les Anglais, pour favoriser la liberté, ont ôté toutes les puissances intermédiaires qui formaient leur monarchie. Ils ont bien raison de conserver cette liberté; s'ils venaient à la perdre, ils seraient un des peuples les plus esclaves de la terre.

(4) L'hérédité de la couronne dans la famille du chef est seule nécessaire, indispensable, afin d'éviter les brigues, les partis, les factions, qui s'empareraient des suffrages, si elle était élective, et occasionneraient sans cesse des commotions violentes, funestes à l'état et à tous ses membres.

(5) Le droit de faire grâce et celui de commuer les peines, est la plus belle prérogative du chef d'un état; la clémence l'égale en quelque sorte à la divinité.

(6) Je renvoie à ce que j'ai dit à la note (3) et aux notes (*a*) (*b*).

(7) Je voudrais qu'il fût possible de ne confier la fonction de législateur qu'à des hommes murs, sages, vertueux, instruits, et auxquels l'âge eût donné beaucoup d'expérience : à vingt-cinq ans on n'a pas toujours toutes ces qualités.

(8) Un plus grand nombre de représentans serait inutile, et à charge à l'état ; d'ailleurs plus une assemblée est nombreuse, moins on n'y fait.

(9) « Il est souvent à propos d'essayer une loi avant de » l'établir : la constitution de Rome et celle d'Athènes » étaient très-sages : les arrêts du sénat avaient force de » loi pendant un an : ils ne devenaient perpétuels que » par la volonté du peuple. » (*De l'esprit des lois.*)

(10) On voulait que les pairs fussent jugés par eux-mêmes : je pense que donner à un corps quelconque, la faculté de se juger soi-même, c'est l'établir tout à la fois juge et partie, donner lieu à l'impunité, et ouvrir la porte à toutes sortes d'abus.

(11) Si les fonctions publiques n'étaient pas temporaires et renouvelées périodiquement, comme je le propose pour le corps législatif, le sénat et autres, il en résulterait les graves inconvéniens que décrit si bien Montesquieu en ces termes : « Lorsque divers corps législatifs se succè» dent les uns aux autres, le peuple, qui a mauvaise opi» nion du corps législatif actuel, porte avec raison ses es» pérances sur celui qui viendra après. Mais si c'était tou» jours le même corps, le peuple le voyant une fois cor» rompu n'espérerait plus rien de ses lois : il deviendrait » furieux, ou tomberait dans l'indolence. »

On peut appliquer ceci à tout corps héréditaire, et j'ajoute que la liberté serait à jamais perdue.

Les fleuves, a dit Montesquieu, courent se mêler dans la mer ; les monarchies vont se perdre dans le despotisme.

(*a*) Le peuple est admirable pour choisir ses magistrats : il en sait plus à cet égard que le monarque dans son palais. Il n'arrive jamais que le peuple brigue les places qu'il sent n'être pas capable de remplir, et qu'il demande celles qui intéressent son salut ou sa gloire.

Page 15, Un grand empire suppose une autorité despotique dans celui qui gouverne.

Page 16, La propriété naturelle des états médiocres est d'être soumis à un monarque, et celle des grands empires d'être dominés par un desposte.

(*b*) Page 25, L'esprit de la monarchie est la guerre et l'agrandissement ; l'esprit de la république est la paix et la modération.

(Ces deux formes de gouvernement, tempérés l'un par l'autre, offrent de très-grands avantages.)

Page 32, Une monarchie universelle serait fatale à l'Europe, aux sujets, aux rois et à leurs descendans.

Page 37, Le principe du gouvernement monarchique est que le prince y ait la souveraine puissance, mais qu'il l'exerce selon les lois établies.

Page 39, Que l'on ne parle pas surtout de la gloire du prince ; sa gloire serait son orgueil : c'est une passion et non pas un droit légitime ; la réputation seule de sa justice suffit pour augmenter sa puissance.

Page 44, Ce qui occasionne la conquête des états, c'est lorsque les gouvernemens deviennent oppresseurs.

Page 46, Le plus beau traité de paix est celui dans lequel on stipule pour le genre humain.

(*c*) Page 71, La liberté est le droit de faire tout ce que les lois permettent, et si un citoyen pouvait faire ce qu'elles défendent, il n'y aurait plus de liberté, parce que les autres auraient tout de même ce pouvoir.

Page 79, Si la puissance législative laisse à la puissance exécutrice le droit d'emprisonner des citoyens qui peuvent donner caution de leur conduite, il n'y a plus de liberté, à moins qu'ils ne soient arrêtés pour répondre sans délai à une accusation que la loi a rendue capitale, auquel cas ils sont réellememet libres, puisqu'ils ne sont soumis qu'à la puissance de la loi.

(*c* bis) Page 201, Règle générale : on peut lever des tributs plus forts à proportion de la liberté des citoyens, et l'on est forcé de les modérer, à mesure que la servitude augmente.

Page 211, La régie est préférable aux fermes dans la levée des tributs.

Je pourrais donner encore une foule d'autres réflexions à la suite de celles qui précèdent pour prouver la nécessité qu'il y a, pour le bonheur de tous les membres d'un Etat bien organisé, et la félicité des générations futures, que les lois fondamentales soient immuables et établies sur l'égalité des droits et des devoirs ; car la versatilité, les changemens réitérés sapent l'Etat dans ses fondemens, en occasionnant des révolutions fréquentes qu'il est de la sagesse et de la prudence d'éviter ; mais il faudrait pour cela écrire des volumes : il convient d'ailleurs de laisser le champ libre aux lecteurs, qui aiment aussi à commenter, à juger et à réfléchir.

Je termine donc ce petit ouvrage, en exhortant mes concitoyens de ne jamais perdre de vue ces grandes et éternelles vérités, qu'aucune puissance humaine ne parviendra jamais à anéantir dans le cœurs des hommes vivant en société, savoir : que les peuples ont seuls le droit de se constituer de la manière qu'ils croient leur être la plus avantageuse, et que quiconque tenterait de les en empêcher par la force, serait coupable du crime de lèse-nation et violateur repréhensible du droit des gens.

De l'Impr. de Charles, rue Thionville, n° 36.

www.ingramcontent.com/pod-product-compliance
Ingram Content Group UK Ltd.
Pitfield, Milton Keynes, MK11 3LW, UK
UKHW012126240726
13965UKWH00005B/1990